# ¿Cómo usan los animales sus aletas?

Lynn Stone

Rourke
Educational Media

rourkeeducationalmedia.com

www.rourkeeducationalmedia.com

PHOTO CREDITS: All Photos © Lynn Stone, except pg. 7 © Dale Walsh ;pg. 15 © Angelika Sternpg; pg. 17 © Oliver Anlauf

Editor: Robert Stengard-Olliges
Cover design by Nicola Stratford
Translation by Dr. Arnhilda Badía


Stone, Lynn
¿Cómo usan los animales sus aletas? / Lynn Stone
 ISBN 978-1-62717-251-6 (soft cover - Spanish)
 ISBN 978-1-62717-446-6 (e-Book - Spanish)
 ISBN 978-1-60044-505-7 (hard cover - English) (alk. paper)
 ISBN 978-1-60472-823-1 (soft cover - English)
 ISBN 978-1-60472-036-5 (Lap Book - English)
 ISBN 978-1-60472-090-7 (e-Book - English)

**Also Available as:**

ROURKE'S
e-Books

Rourke Educational Media
Printed in the United States of America,
North Mankato, Minnesota

# Rourke
## Educational Media

rourkeeducationalmedia.com

customerservice@rourkeeducationalmedia.com  •  PO Box 643328  Vero Beach, Florida 32964

Muchos animales tienen aletas.

Las aletas son como remos.

Las **ballenas jorobadas** tienen aletas muy grandes.

7

Las **marsopas** tienen aletas.

9

Las **focas** también tienen aletas.

Muchos animales usan sus aletas para trasladarse.

Los **leones marinos** se arrastran con sus aletas.

Las tortugas marinas nadan con sus aletas.

Los **manatíes** también nadan con sus aletas.

19

Los animales usan sus aletas para muchas cosas.

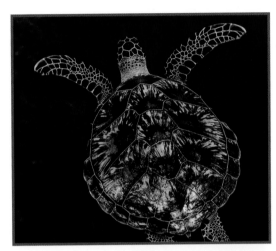

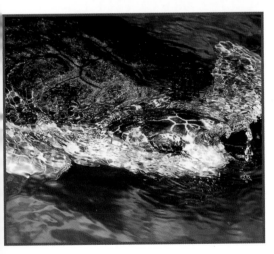

# Glosario

**ballena jorobada**:

un mamífero muy grande
que vive en el océano

**foca**:

un mamífero que vive en el
océano y en la tierra

**león marino**:

un mamífero que vive en el
océano y en la tierra

**manatí:**

un mamífero grande que vive en aguas cálidas y poco profundas

**marsopa:**

un mamífero que vive en el océano

# Índice

## Lecturas adicionales

Lock, Deborah. *Feathers, Flippers, and Feet*. DK, 2004.
Perkins, Wendy. *Let's Look at Animal Feet*. Pebble
  Press, 2007.

## Páginas web para visitar

www.kidsites.com/sites-edu/animals.htm
animal.discovery.com

## Acerca del autor

Lynn M. Stone es el autor de más de 400 libros para niños. También es un talentoso fotógrafo de historia natural. Lynn, quien fue maestro, viaja el mundo entero para fotografiar la vida salvaje de los animales en sus hábitats naturales.